AF588895

LES BIBELOTS

DE PARIS

DU MÊME AUTEUR

CHEZ LE MÊME ÉDITEUR

FOYERS ET COULISSES

Histoire anecdotique de tous les théâtres de Paris,
en 20 volumes in-32, avec portraits photographiques
des principaux auteurs.

EN VENTE :

Les Bouffes-Parisiens....	1 vol.
Les Folies-Dramatiques....	1 vol.
Les Variétés....	1 vol.
Le Vaudeville....	1 vol.
Le Palais-Royal....	1 vol.
La Gaîté....	2 vol.
Le Gymnase....	1 vol.

5—771 Paris. — Imp. Morris père et fils, rue Amelot, 64.

LES

BIBELOTS

DE

PARIS

REVUE EN DEUX ACTES ET QUATRE TABLEAUX

PAR

HENRY BUGUET

Représentée pour la première fois, à Paris, à l'ALCAZAR, le 24 décembre 1874.

PARIS
TRESSE, LIBRAIRE-EDITEUR
GALERIE DE CHARTRES, 10 ET 11, PALAIS-ROYAL

1875

LES BIBELOTS

DE PARIS

PERSONNAGES

LE RÉGISSEUR DE L'ALCAZAR..	MM.	PHILIBERT.
LE PREMIER COMIQUE......		TRAINEAU.
LE TÉNOR		MAX.
LA BASSE............................		FERNAND.
HOMAROSA CERFEUILLINI, chanteuse italienne....................a.... ...		SAINT-AUBIN.
LA CHANTEUSE LÉGÈRE	Mmes	ADÈLE GIRARD.
LA FORTE CHANTEUSE...............		JULIAN.
LA CHANTEUSE DE BLEUETTES...		STELLA.
LA FICELLE DES PANTINS.............		JANE MAY.

PREMIER ACTE

Premier Tableau

GRAND DÉBALLAGE

A l'Alcazar, à l'heure de la représentation. Un décor de jardin. Au lever du rideau, bruit, altercation dans la coulisse. On entend ces mots : *Il faut avertir le public.*

SCÈNE PREMIÈRE

LE RÉGISSEUR, *entrant.*

Mesdames et Messieurs, Messieurs et Mesdames et toutes les autres personnes aussi. Je viens réclamer de votre patience quelques minutes d'entr'acte... forcé, pour laisser à Mlle Homarosa Cerfeuillini, notre nouvelle étoile, le temps de trouver une toilette digne d'elle et de vous, Messieurs. (*Nouvelles altercations dans la coulisse.*)

On entend CERFEUILLINI *s'écrier* :

Je vous dis que je parlerai moi-même au public.

SCÈNE II.

LE RÉGISSEUR, CERFEUILLINI.

Deux machinistes portant une grande caisse qu'ils déposent au milieu du théâtre; puis, au fond, tous les artistes dans leur toilette de concert.

Air : *Refrain de la ronde du Cliquot.* (*Fleur de thé.*)

Que se passe-t-il encore?
Quel malheur vient d'arriver? } (*Bis.*)
Va-t-on faire chanter Faure
Malgré monsieur Halanzier?

CERFEUILLINI, *au public.*

Messious et Signorinas, vous voyez une prima done bien malhourouse. J'arrive de Marseille, il y a oune heure et vingt-cinq minutes, croyant que ma caisse me souit de Marseille, et voilà que tout à l'houre, quand j'arrive à l'Alcazar, qu'est-ce que je trouve dans ma louze, une caisse qui n'est pas la mienne. Par conséquent, pas de costoume, pas moyen de chanter ma fameuse romance napolitaine. *Le Pourteur d'eau et le clouporte.*

LE RÉGISSEUR, *qui depuis un instant examine la caisse.*

Ce chemin de fer-là n'en fait jamais d'autres; du reste, rien que ses initiales l'accusent : *P. L. M. Perdez les malles.*

CERFEUILLINI.

Je ne sours pas de là, mousou le régisseur, il me faut ma caisse de coustumes.

LE RÉGISSEUR, *lisant l'inscription sur la caisse.*

Vous la retrouverez, Signora. Mais comment se fait-il qu'une caisse destinée à son altesse Ranalalatutu XVII, souverain du royaume des Ramollis, arrive à l'Alcazar d'hiver ? ça, ça me dépasse !

CERFEUILLINI.

Ça ne me rougarde pas. J'avais pour cent cinquante mille francs de toilettes dans ma malle. Il me la faut ou qu'on me rembourse deux cents cinquante mille francs.

LE RÉGISSEUR.

Un million pendant que vous y êtes.

CERFEUILLINI, *trépignant.*

Ma caisse, ma caisse, per Dio !

LE RÉGISSEUR.

Je le sais bien, qu'elle est *perdio.* — Bon... voilà que je parle italien, maintenant. — Mais que voulez-vous que j'y fasse, moi. Courez la réclamer à la gare de Lyon, votre caisse.

CERFEUILLINI.

AIR : *La Belle Bourbonnaise. (La Dubarry, tu danseras.)*

Gare à vous, mossou l' chef de gare,
Si vous ne la retrouvez pas,
Comment veut-on que je me pare
Sans mes robes à falbalas ?
M' chipper ma malle, est-ce assez lâche ?
Autant me ravir mes chansons ;
L'Alcazar fera bien relâche
Jusqu'à ce que nous la r'trouvions.

LE RÉGISSEUR.

Oui, signora, nous la retrouverons.
A l'Alcazar nous la rapporterons.
Quand nous l'aurons,
Nous la tiendrons,
Et l'ouvrirons !

REPRISE ENSEMBLE.

Oui, signora, nous la retrouverons.
Etc.

CERFEUILLINI, *après avoir fait les trois saluts d'usage, au public.*

Attendez-moi, Pichono, je reviens.

(*Elle sort comme une folle.*)

SCÈNE III

LES MÊMES, moins CERFEUILLINI.

LE RÉGISSEUR, *au public.*

Messieurs, nous sommes désolés, mais comme on dit, contre... la caisse pas de résistance. Je ne vois qu'un parti à prendre en attendant le retour de la signora Homarosa Cerfeuillini, c'est d'ouvrir la caisse de son altesse Ranalalatutu XVII et de voir ce qu'elle renferme dans ses flancs de sapin.

TOUS, *au fond.*

Oui, oui, en avant le déballage!

LE RÉGISSEUR, *à voix basse, à un des artiste du fond.*

Allez chercher tenaille et marteau aux accessoires. (*Continuant au public.*) Car enfin, Messieurs, on aura beau dire, une caisse en destination d'un pays aussi sauvage qu'inconnu sur la carte ne peut renfermer que des choses extrêmement curieuses, et j'ai idée, Messieurs et Mesdames et autres personnes aussi, que vous ne serez pas fâchés non plus de voir ces choses. Entre nous, qu'est-ce que le café-concert? Un spectacle panaché d'intermèdes. Figurez-vous donc que je vais vous dévoiler le truc de la *Malle des Dindes*, et ouvrez des yeux grands comme les pieds... de Mlle G... des Bouffes.

UN ARTISTE, *revenant avec les outils nécessaires.*

Voilà!

LE RÉGISSEUR.

Mes enfants, nous allons tous nous y mettre, car ça me paraît diantrement cloué et diantrement fragile.

LA BASSE.

Ah! pas si fragile que ça ; voyez les inscriptions *Haut.*

LE RÉGISSEUR.

A chahuter. C'est un mot... La basse qui fait des mots.

LE PREMIER COMIQUE.

Plaignons les emballeurs, Messieurs, c'est dans leur *très-fragile* existence qu'il y a des *hauts* et des *bas*!

LES AUTRES.

Oh! assez! assez!

LE RÉGISSEUR.

Vous avez beau dire, je n'aime pas leurs voitures, moi, aux emballeurs...

TOUS.

Pourquoi cela?

LE RÉGISSEUR.

Parce que le matin je les prends pour les voitures qui apportent le lait.

TOUS.

Le lait?

LE RÉGISSEUR.

Dame, des voitures de *Layetiers*... emballeurs.

TOUS.

Oh! oh! oh!

LE RÉGISSEUR.

Allons... y sommes-nous, les enfants.

TOUS, *faisant pesée sur le couvercle.*

Oui!

ENSEMBLE.

AIR : *Ah! que les plaisirs sont doux!*

Allons, mettons-nous-y tous,
Arrachons les clous
Qui ferment la caisse.

Il faut arracher les clous
Sans se blesser les genoux.

(*La musique continue en sourdine à l'orchestre.*

LE RÉGISSEUR, *retirant une poignée de foin de la caisse.*

Tiens, du foin.

LE PREMIER COMIQUE.

Ils n'ont donc pas de nourriture dans ce pays-là?

LA CHANTEUSE LÉGÈRE.

Du foin, c'est pour mettre dans leurs bottes.

LA BASSE.

Mais non, du foin, ça cache des rateliers.

LA FORTE CHANTEUSE.

Quels rateliers.

LE TÉNOR.

Pas le vôtre, c'te bétise.

LA FORTE CHANTEUSE.

Moi, je crois qu'on met du foin pour ne pas que ça s'abîme.

LE PREMIER COMIQUE, *à part.*

Elle devrait bien s'en faire poser sur la voix, la chanteuse légère.

LE RÉGISSEUR.

Ah! messieurs, un papier!...

LE TÉNOR.

Sac à papier!

LE COMIQUE.

Non; caisse à papier.

LE RÉGISSEUR.

Attendez donc, elle est à l'adresse du destinataire: Ranalalatutu XVII, souverain du royaume des Ramollis.

TOUS.

Décachetez, décachetez!

LE RÉGISSEUR.

Peine inutile... elle est ouverte... Attention, je lis, ou plutôt, je chante. A l'Alcazar je suis payé pour chanter.

AIR : *Rondeau des Femmes qui font des scènes. (Premier acte.)*

Sire, je vous expédie,
Franc de port, par chemin d' fer,
Une caiss' toute remplie
D'objets rares et pas cher.
Ces articles, faits en France,
Sont mandés en tous pays;
Aussi, soit dit sans jactance,
Ces articles n'ont pas d' prix.
C'est en vain qu'on nous copie;
Malgré la contrefaçon,
Nos articles d'industrie
A nous-mêmes survivront.
C'est par le cachet que brille
Tout ce qui s' fait à Paris ;
Qu'on nous vole, qu'on nous pille,
Notre chic ne s'ra pas pris.
Depuis l' jouet de l'enfance :
La poupée à treize sous,
Jusqu'aux bottes d'ordonnance,
Rien n'est cam'lotte chez nous.
Mon envoi, c'est l'inventaire
De tout c' qui, pendant un an,
Aux Parisiens, fit faire
Un pas ou non en avant.
Majesté, pour votre fille,
Noble fruit de votre amour,
Dans la caisse où tout fourmille,
Vous pourrez puiser toujour;
Vous y trouv'rez en grand nombre
Les pantins les plus coquets;
Ils chass'ront votre humeur sombre
Et celle de vos sujets.
J'ajout' cent polichinelles
Pour amuser les enfants;
En leur tirant les ficelles,
Ils imitent bien des gens.
De plus, ils sont politiques
Et de toutes les couleurs;
Bref, ces pantins magnifiques
Représentent nos sauteurs.
Sire, au reçu de ma caisse,
Vous serez très-satisfait ;
Pour prouver votre allégresse,
Décorez-moi, s'il vous plaît!

TOUS, *entourant la caisse.*

C'est très-bien — déballons, déballons.

LE RÉGISSEUR, *les arrêtant.*

Un instant; déballons, déballons! ne vous enlevez pas pour cela. A tout régisseur, tout honneur. (*Saluant les spectateurs.*) Je déballe... public. (*Il chante*).

AIR : (*Veuve du Malabar*).

Voyez, messieurs, voyez l'objet ;
Qu'on expertise
Avec franchise.
Tout est complet,
Tout est coquet ;
Touchez, messieurs, touchez l'objet.

(*Il distribue un jouet à chacun.*)

LE COMIQUE.

Comment! ce n'est que cela!

LE FORTE CHANTEUSE.

C'était pas la peine d'ouvrir la caisse.

LA BASSE.

Si des Parisiens ne connaissaient pas les articles de Paris, qui est-ce qui les connaîtrait, je me le demande?

LA CHANTEUSE LÉGÈRE.

N'importe, nous avons le temps, faut tout voir.

LE RÉGISSEUR.

Les objets rares doivent être dans le fond. Je le sonde, enfants, je le sonde.

LE COMIQUE.

C'est égal, ce n'est pas pour débiner la capitale où je suis né, mais il y a de ces articles dont, moi, étranger, je ne donnerais pas quatre sous.

AIR : *Tout l' monde sur le gril.* (Georges Rose.)

REFRAIN.

Y a plus d'un article d' Paris
Dont on n' devrait pas faire emplette ;
Y a plus d'un article d' Paris
Que j' trouv' trop bête.

I

Que doit penser, par exemple, la Chine,
Quand ell' reçoit nos habits de gommeux?
Ces vêtements n'ont rien, je m'imagine,
Qui prouve en nous l'amour du gracieux.
(Au Refrain.)

II

LE RÉGISSEUR.

On expédie, aux quatre coins du monde,
Vos faux chignons, mesdam's, le savez-vous?
Des Il's Sandwich que la reine réponde :
Des cheveux noirs font donc bien sur des roux ?
(Au Refrain.)

III

LE TÉNOR.

Notre chaussur', par son chic, se devine ;
La Parisienn' sait fort bien se botter ;
Mais j' dis quand j' vois ses talons de bottine :
Sur des échass's, va-t-on la fair' monter?

Y a plus d'un article de Paris
Dont on n' devrait pas fair' emplette;
Y a plus d'un article de Paris
Que j' trouv' trop bête.

TOUS, *tendant les mains.*

Encore, encore!

LE RÉGISSEUR, *le corps à moitié penché dans la caisse.*

Il n'y a plus rien.

TOUS.

Plus rien.

LE RÉGISSEUR.

Ah! si.

TOUS.

Quoi-t-est-ce?

LE RÉGISSEUR.

Ceci.

(Il sort de la caisse une énorme pelote de ficelle rose qu'il pose à terre.)

TOUS.

Une pelote de ficelle.

(*Tam-tam. Une femme coquettement costumée sort de la pelote.*)

SCÈNE IV.

LES MÊMES, LA FICELLE DES PANTINS.

LA FICELLE.

Oui... Mais...

AIR : *Pomme d'Api.* (*Monsieur, c'est moi qui suis la bonne.*)

Je ne suis pas la ficelle
Que vous croyez,
Vous m'entendez?
Je suis plus rare, je suis celle
Qui brille en l'air;
Je coût' plus cher.
Presque invisible, on m'utilise
En société (*bis*),
Pour fair' mouvoir c' qui symbolise,
L'humanité.
Jamais de paquet je n'enlace,
Ça m' salirait.
On m' raccommode quand j' me casse,
C'est bientôt fait.
Quoique très-minc', très-rose et fort jolie,
J'ai la finesse et l'esprit... de bois.
Dans un instant, je vais donner la vie
A tous les pantins que tu vois.

REPRISE ENSEMBLE.

Quoique très-minc', très-rose et fort jolie
Cette Ficelle, a l'esprit... de bois.
Dans un instant, elle donn'ra la vie
A tous les pantins que je vois.

LE RÉGISSEUR.

Oh! quelle idée!

TOUS.

Qu'est-ce qui lui prend?

LE RÉGISSEUR.

Il me prend que la proposition de la *Ficelle* va empêcher l'Alcazar de lâcher la *corde*.

TOUS.

Que veut-il dire?

LE RÉGISSEUR, *au public.*

N'écoutez pas, messieurs, tout ce qui va suivre, n'est sensément pas entendu de vous. (*Haut.*) Vous ne comprenez pas que l'Alcazar va faire concurrence ce soir au théâtre Séraphin pour sauver la recette que la signora Homarosa Cerfeuillini allait lui faire perdre en perdant sa malle.

TOUS

Quelle chance! Nous ne chanterons pas ce soir.

LA FICELLE.

Pardon, vous chanterez et parlerez pour les pantins.

LE RÉGISSEUR.

Et puis vous chanterez pour votre propre compte, pendant la première partie du spectacle; qui est-ce qui m'a bâti des fainéants comme cela.

LA FICELLE.

Allons, remettez tout ce que vous avez pris dans la caisse, et je me charge du reste.

LE RÉGISSEUR, *avec la voix des camelots.*

Remettez, Messieurs, remettez...

(*Chacun jette dans la caisse le jouet qu'il tenait.*)

LA FICELLE, *replaçant le couvercle sur la caisse.*

Attention!

AIR de *la Gantière et le Brésilien.*

Je vois les pantins qui grandissent;
Ils vont être aussi grands que nous!

LE RÉGISSEUR.

Eh quoi! tous ces pantins grandissent!
Ils vont se mesurer à nous.

LE TÉNOR.

Nous comprenons bien qu'ils grandissent,
Mais qu'ils n' soient pas plus grands que nous.

LA FORTE CHANTEUSE.

Est-c' que ces pantins qui grandissent,
On va les fair' mettre à nos g'noux?

LA BASSE.

Si tout's les sottises grandissent,
Elles ne tiendront pas chez nous.

LE PREMIER COMIQUE.

Si tous les homm's d'esprit grandissent,
Que nous paraîtrons p'tits chez nous.

ENSEMBLE.

Bravo! que les pantins grandissent, } (*bis.*)
Le grand monde viendra chez nous }

(*Ici on voit le couvercle se soulever et tressauter en mesure.*)

LA FICELLE.

Sommes-nous prêts à passer la revue des bibelots de Paris?

LE RÉGISSEUR.

Pouvez-vous le demander. (*A part.*) Elle fera sa *pelote* cette petite ficelle.

LA FICELLE.

Ah! une recommandation de la plus haute importance.

LE RÉGISSEUR.

Laquelle?

LA FICELLE.

La revue terminée tu me remets dans la caisse avec tous les bibelots et tu nous expédies à Ranalalatutu XVII?

LE RÉGISSEUR.

Je le jure!

TOUS, *levant la main.*

Nous le jurons!

LE RÉGISSEUR, *à la Ficelle.*

Et vous m'assurez que le public va croire que tout ce monde-là n'est pas en chair et en os, en os surtout comme notre première chanteuse ?

LA FORTE CHANTEUSE.

Malhonnête, heureusement que vous prêchez dans le *Sarah* !

FINAL.

LA FICELLE.

AIR de *la Vie Parisienne* (Final du 5me acte).

I

Il vous manque une chose :
Articles de Paris ;
Il vous manque la cause
Du succès, mes amis.
Que ce bon public vienne,
Vos fils sont dans mes mains.
Que la vi' parisienne
Vous anime, pantins.

Sautez, chantez, parlez, mimez,
Dansez, criez, gesticulez.
Ah !

REPRISE DU CHOEUR.

Avant que le nouvel an vienne,
Retracez-nous sans perdre haleine
La dernière anné' parisienne.
Sur elle vous n'en direz (*ter*) jamais assez !

II

Illusion complète !
Personne ne verra
Le fil qui tient la tête
Des acteurs que voilà.
Que montre le théâtre ?
Des pantins bien vêtus
Tout barbouillés de plâtre ;
Ceux de bois *jouent* bien plus !

Sautez, chantez, parlez, mimez,
Dansez, criez, gesticulez.

CHŒUR.

Avant que le nouvel an vienne,
Retracez-nous, sans perdre haleine,
La dernière anné' parisienne ;
Sur elle vous n'en direz (*ter*) jamais assez !

(*Tous les personnages reprennent le refrain, en faisant les gestes automatiques des marionnettes.*)

RIDEAU.

PERSONNAGES

LE LIEUTENANT ZUTOWISCH	MM.	MAX.
L'ABONNÉ DU FIGARO		SAINT-AUBIN.
L'OUVRIER DE LA FONTAINE		DUCHÉ.
LE GÉNIE DE LA BASTILLE	Mlle	A. JULIAN.
LOUIS XIV	MM.	TRAINEAU.
HENRI IV		FERNAND.
LE TATOUÉ		DUCHÉ.
L'IMPRESARIO		SAINT-AUBIN.
LA FICELLE	Mmes	JANE MAY.
LA BONNE DE L'ABONNÉ		A. JULIAN.
LA COMÈTE		JULIA KLOZ.
L'EAU LAFERRIÈRE		ADÈLE GIRARD.
L'EAU DE BELLEVILLE		MARTHE BEN.

Deuxième Tableau

LA FONTAINE DU CHATEAU-D'EAU

Le décor représente la place du Château-d'Eau. Au milieu, la nouvelle fontaine avec ses huit lions en bronze. A droite, un banc pour s'asseoir.

SCÈNE PREMIÈRE.

LE LIEUTENANT, LA FICELLE.

(Au lever du rideau, la scène est déserte. — Au bout d'un instant, on voit arriver, par le fond à droite, le lieutenant Zutowisch et la Ficelle.

LA FICELLE.

Venez, monsieur, je vous assure que c'est aujourd'hui qu'on l'inaugure.

LE LIEUTENANT.

Il le faut bien, car je n'ai que vingt-quatre heures à vous donner.

LA FICELLE.

C'est vrai, c'est demain que vous renfourchez votre précieuse jument Caradoc, pour retourner dans votre patrie aussi vite que vous en êtes venu.

LE LIEUTENANT.

Quinze cents kilomètres en treize jours! pas une minute de plus!

COUPLET.

AIR : *Qu'il est flatteur d'épouser celle.*

LA FICELLE.

Eh quoi, vous avez pu ne mettre
Que treiz' jours pour gagner Paris ?

LE LIEUTENANT.

Si fort que c'la puisse paraître,
Madam', c'est comm' je vous le dis.

LA FICELLE.

Et cela, sans ôter vos bottes,
Vous devez être tout meurtri.

LE LIEUTENANT.

Ma vanité s'rait des plus sottes,
Ma jument sait si *j'eus ment*... i.

LA FICELLE.

Aussi, Paris a-t-il fait, au cavalier et à sa monture, l'accueil brillant et chaleureux qu'ils méritaient.

LE LIEUTENANT.

Je n'ai qu'à me louer de l'hospitalité parisienne.

LA FICELLE.

Tous nos salons, toutes nos fêtes, se sont disputées votre présence, votre jument Caradoc a reçu la visite et les caresses de tous les reporters et la photographie l'a reproduite à des milliers d'exemplaires comme nos plus fameux chevaux de courses : Gladiateur, Vermouth et Boyard.

LE LIEUTENANT.

J'ai gagné mon pari : cinquante mille francs.

LA FICELLE.

Et Paris a y gagné... votre présence... Mais il ne s'agit pas de faire des calembours. Je me suis engagée à faire défiler devant vous, le plus rapidement possible, les faits les plus marquants de l'année parisienne et une bonne commère n'a qu'une parole.

LE LIEUTENANT.

Je puis abréger votre tâche, par la connaissance parfaite que j'ai moi-même de Paris, dont j'ai été, vous le savez, l'hôte assidu pendant plusieurs années.

LA FICELLE.

Bravo ! vous êtes presque Parisien...

LELIE UTENANT.

De cœur, je le suis tout à fait.

AIR : *Madame Favart.*

Nous sommes comme ça cent mille,
Pour qui la France est le pays,
Où, malgré tout, la verve brille,
L'esprit français n'a qu' des amis.
Voyez, des quatre coins du monde,
On y vient hiver comme été ;
Car c'est là qu'en créant le monde, } (*bis*).
Dieu fit un temple à la gaîté. }

LA FICELLE.

Tenez, la preuve qu'on inaugure la fontaine aujourd'hui, c'est que les principaux monuments de Paris ont reçu tous une invitation pour venir la complimenter, cette pauvre fontaine.

LE LIEUTENANT.

Elle n'a pas l'air d'une fontaine. De quelque côté qu'on la regarde on ne voit que des lions.

LA FICELLE.

Parions que vous allez trouver qu'elle n'est pas à sa place à Paris?

LE LIEUTENANT.

Parbleu ! une fontaine de *lions* c'était bon pour le département du Rhône.

LA FICELLE.

Allons, taisez-vous, train, vous allez réveiller le maçon qui dort.

LE LIEUTENANT.

Où est-il ce maçon ?

LA FICELLE.

Vous le verrez tout à l'heure. Avant, dites-moi quelle heure il est à votre bonne montre du *Figaro* ?

LE LIEUTENANT, *sortant sa montre.*

Allons bon, elle est encore arrêtée.

LA FICELLE, *même jeu.*

Tiens, celle de *Paris-Journal* aussi !

LE LIEUTENANT.

Le *Figaro* m'avait cependant juré sur la tête de mon abonnement de six mois que la montre irait toujours aussi bien que le journal, qui passe pour être assez dans le mouvement.

LA FICELLE.

Paris-Journal m'a fait la même promesse.

LE LIEUTENANT.

C'est la quinzième fois que je porte la montre du *Figaro* chez l'horloger.

LA FICELLE.

Si je vous disais que celle du *Paris-Journal* m'a déjà coûté cinquante francs de réparation.

LE LIEUTENANT.

Pourquoi les donnent-ils à remontoir ?

LA FICELLE.

Parce qu'elles font remonter le tirage.

LE LIEUTENANT.

Il paraît que l'*Evénement* va donner en prime une pendule.

LA FICELLE.

Pendule ou montre, montre ou pendule, l'une ne vaut et ne va guère mieux que l'autre.

AIR : *Allons-nous-en, gens de la noce.*

On ne sait plus qu'offrir en prime,
Et cela n'a rien d'étonnant ;
Si la prime est par trop minime,
On dédaigne l'abonnement.
Pour y fair' mordre, il fallait faire
Un présent des plus attrayants;
Une montre séduit les gens...
L'abonnement court ventre à terre,
Mais la montre s'arrêt' tout l' temps.

Au fait, puisque nous parlons du *Figaro*, vous savez le malheur ou plutôt le bonheur qui lui est arrivé?

LE LIEUTENANT.

Ah ! oui, il a été suspendu pendant un mois.

LA FICELLE.

Nous allons rétrograder de six, et je vais vous faire voir une victime de sa suspension.

LE LIEUTENANT.

Je ne serais pas fâché de savoir quel journal on avait pris à sa place.

SCÈNE II.

LES MÊMES, L'ABONNÉ *du Figaro* et sa BONNE.

L'ABONNÉ.

Je suis très-fatigué, Aglaé, asseyons-nous sur ce banc, et donnez-moi mon *Figaro*, que je lise l'article de M. Singeniesse avant de rentrer à la maison. Quel tempérament, ce rédacteur!... il écrit avec un sabre de cavalerie.

LA BONNE, *donnant le journal.*

Voici le journal de Monsieur.

L'ABONNÉ, *mettant ses lunettes.*

Très-bien !

LE LIEUTENANT, *à part, à la Ficelle.*

Si le *Figaro* est supprimé, comment se fait-il qu'elle le lui donne.

LA FICELLE.

C'est un truc de la bonne — vous allez voir.

L'ABONNÉ, *après avoir lu un peu.*

C'est curieux, comme ce journal à changé de nuance depuis quelques jours.

LA BONNE, *qui s'est mise à tricoter.*

Pauvre homme ! c'est mal, ce que je fais-là... mais aussi, ça lui ferait tant de peine s'il ne l'avait plus son *Figaro* !

L'ABONNÉ, *se levant avec colère.*

Ah ! mais il devient impossible le *Figaro* ! c'est de la folie... c'est de la démence... on ne se fiche pas comme ça de ses abonnés... L'article de fond est d'une violence à tout casser. Et, corne de rhinocéros, j'en aurai le cœur net, je vais interroger moi-même le rédacteur en chef. — Aglaé, suivez-moi rue Drouot.

LA BONNE.

Grâce, pitié, monsieur.

LE LIEUTENANT.

Oh ! oh ! ça se gâte.

L'ABONNÉ.

Grâce, pitié, pourquoi ? qu'est-ce que vous m'avez fait ?

LA BONNE.

Quelque chose de bien horrible, monsieur.

L'ABONNÉ.

Toi ?

LA BONNE.

Comme il n'y avait plus moyen de trouver votre *Figaro* nulle part, et que vous le vouliez absolument, y m'est venu à l'idée de coller tous les jours le titre du *Figaro* sur un autre journal.

LE LIEUTENANT.

Nous y voilà!

L'ABONNÉ, *qui a enlevé la bande collée.*

Corne de bélier! La petite coquine me fait lire depuis quinze jours un organe ponceau.

LA FICELLE, *au colonel.*

Eh bien, qu'en dites-vous?

LE LIEUTENANT.

Que c'est la meilleure des réclames pour le *Figaro.*

L'ABONNÉ.

Aglaé, je vous chasse.

LA BONNE, *pleurant.*

Eh, eh, eh, eh! je croyais bien faire, moi, monsieur.

LE LIEUTENANNT, *à l'abonné.*

Monsieur, permettez à un honnête passant, et lecteur du même journal, d'intercéder pour cette pauvre fille qui vous paraît dévouée.

L'ABONNÉ.

Soit, monsieur. (*A Aglaé.*) Je te garde, Aglaé. Mais ne recommence pas.

LE LIEUTENANT *chante.*

AIR : *Pour un tendre père.* (*Giroflé-Girofla*).

Pour un tendre père
Ayant un enfant,
S'il faut s'en défaire,
C'est triste et navrant.
L'enfant que j'adore,
C'est mon cher journal,
Celui que j' dévore
Comme un cannibal;
Figaro que j'aime
Chang'rait de couleur,
Qu'il brill'rait quand même
Par sa bonne humeur;
Laissez-le reparaître,
Paraître, (*bis.*)
Et laissez s'en repaître,
R'paître (*bis.*)

Ceux qui se disent être
A mêm' de tout connaître,
Et qui disent bien haut :
Ah! bravo, *Figaro!*

L'ABONNÉ.

Votre main, monsieur, votre main.

LE LIEUTENANT.

La voici. Mais, qu'allons-nous lire jusqu'au jour où reparaîtra ***le Figaro***?

LA FICELLE.

Le Gaulois, il ne manque pas de sel.

L'ABONNÉ.

Je cours m'abonner à cette feuille... Venez, Aglaé. (*Il sort.*)

LA BONNE.

Je vous suis, monsieur. (*A part.*) Il vaut bien mieux ne pas savoir lire.

(*Elle sort.*)

SCÈNE III

LES MÊMES, moins L'ABONNÉ et sa BONNE.

LE LIEUTENANT.

Ah! vous deviez me montrer un maçon endormi, tout à l'heure, où perche-t-il ?

LA FICELLE.

Dans la fontaine du Château-d'Eau, qu'il a construite.

LE LIEUTENANT.

Tout seul ?

LA FICELLE.

Tout seul, et qu'il garde.

LE LIEUTENANT.

Tout seul ?

LA FICELLE.

Tout seul ! Dissimulons-nous, le voici qui sort du bassin.

LE LIEUTENANT.

Ah! c'est son lit.

LA FICELLE.

Mais oui.

LE LIEUTENANT.

Il n'a pas besoin d'être bassiné, alors?

SCÈNE IV

Les Mêmes, L'OUVRIER SEXAGÉNAIRE.

(*Il a la barbe et les cheveux blancs, il descend la scène en se frottant les yeux et en bâillant.*)

L'OUVRIER.

Enfin, elle est finie, ce n'est pas trop tôt, c'est aujourd'hui qu'on l'inaugure. Quand je pense que, lorsque j'en ai posé la première pierre, je n'avais pas vingt-cinq ans! et qu'aujourd'hui j'ai décroché la soixantaine, avec six fois douze mois par dessus le marché! Je croyais bien que je ne la finirais que dans l'autre monde! — Ce qu'on nous a blagués, elle et moi, depuis qu'elle est commencée!...— Avec toutes les réflexions que j'ai entendu faire aux passants, y aurait de quoi remplir six volumes. J'ai demandé bien souvent qu'on m'envoie des ouvriers pour m'aider. Ah! bien ouiche! c'était comme si je flûtais dans un violon. On ne répondait toujours : C'est assez d'un ouvrier pour faire la besogne. Il faut aller à l'économie. (*Il chante.*)

Air de *Bonhomme* (Nadaud).

Alors, soyez donc logiques,
Ou plus vifs, en vérité;
Mettez les fontain's publiques
Sur l' mêm' pied d'égalité.

N'aie crainte que je t'accuse,
Château-d'Eau ; mais je voudrais
Que de celle du Vaucluse
Ta fontaine eût le succès.
Pour redevenir jeune homme,
Illico, je m'y plong'rais.
Fontaine, si tu m'aimais,
Eh bien, tu m' rajeunirais!

(*Sur le dernier vers, apparaît une jeune femme représentant la Comète de 1874. Elle a une robe bleu-ciel, parsemée d'étoiles, avec une longue traîne dorée.*)

SCÈNE V

LES MÊMES, plus LA COMÈTE.

LA COMÈTE.

J'exauce tes vœux. Tu as cinquante ans de moins.

L'OUVRIER, *dont les cheveux et la barbe sont redevenus noirs.*

Se peut-il?... Je n'en ai plus que vingt-cinq?

LA COMÈTE.

Veux-vous que je t'en retire encore ?

L'OUVRIER.

Oh! non, merci, mademoiselle, je ne veux pas retourner en nourrice, j'y ai été trop mal.

LA FICELLE, *au lieutenant.*

Ceci vous représente un effet de l'influence heureuse de la Comète de 1874.

LA COMÈTE *chante.*

AIR : *C'est les Normands* (*Famille Trouillat,* Léon Vasseur, *premier acte*).

V'la-t'y pas de quoi s'étonner,
Parce qu'un' comèt' descend sur terre,
Allons, franch'ment, j' vais vous donner
La raison de ce grand mystère :

Sur terr' brillent, comm' dans les cieux,
Des comèt's d'un aspect tout autre ;
Leur voisinage est plus dang'reux,
Bien plus dangereux que le nôtre.
Il leur suffit d'un doux baiser,
Parisiens, pour vous embraser ;
Les plus malins, comm' les plus bêtes } *Bis en chœur.*
Doivent redouter ces comètes.

L'OUVRIER.

Comment, c'est m'ame la Comète qui était cachée dans ma fontaine, et qui en a ensorcelé l'eau ni plus ni moins que si elle était de Jouvence.

LA COMÈTE.

Me le reproches-tu déjà ?

L'OUVRIER.

C'est-à-dire, que si j'osais, je vous demanderais la permission de vous embrasser pour vous remercier.

LE LIEUTENANT.

Je croyais à l'heureuse influence des comètes sur les moissons, sur les vignes, mais je ne me doutais guère qu'elles pussent faire des miracles dans l'eau.

LA COMÈTE.

Tu as raison, et j'avoue que c'est par caprice et par fantaisie que je suis descendue ce matin sur la place du Château-d'Eau, où je veux émerveiller Paris pendant vingt-quatre heures.

L'OUVRIER.

J'étais bien sûr qu'elle avait un *dessein* caché.

LE LIEUTENANT.

Est-y bête, elle a les deux cachés.

LA FICELLE.

Et que comptez vous faire encore pour Paris.

LA COMÈTE.

Le rajeunir.

TOUS.

Pas possible.

LA COMÈTE.

Je m'entends. Pendant un jour, un jour seulement, je voudrais donner à l'eau qui doit jaillir de cette fontaine, le pouvoir bienfaisant de la fontaine de Jouvence. Toute personne qui me donnerait de bonnes raisons pour rajeunir, n'aurait qu'à tremper le bout de son doigt dans ce bassin, pour être immédiatement exaucée.

L'OUVRIER.

Comme moi.

LE LIEUTENANT.

Eh bien, il ne manquera pas de monde sur la place tout à l'heure.

LA COMÈTE.

Oui, mais, s'il y a beaucoup d'appelés, il y aura peu d'élus.

LA FICELLE.

Aussi, madame la Comète, c'est votre robe qui nous a valu tant de chaleur cet été.

LA COMÈTE.

Plaignez-vous, ma traîne lumineuse vous a valu des vendanges admirables et des récoltes surabondantes.

L'OUVRIER.

C'est un bel astre tout de même.

LA FICELLE.

C'est égal, vous, votre place est marquée parmi les comètes célèbres.

(*Bruit de voix et musique à la cantonade.*)

TOUS.

Qu'est-ce que c'est que ça ?

L'OUVRIER.

Ça, c'est la députation des statues.

LA FICELLE.

Attendez qu'elles se soient tues.

LE LIEUTENANT.

Restons dans le *statu quo*.

L'OUVRIER.

Elles viennent souhaiter la bienvenue à la fontaine du Château-d'Eau, mon ouvrage.

SCÈNE VI

LES MÊMES, LE GÉNIE DE LA BASTILLE, LA STATUE DE LOUIS XIV, LA STATUE DE HENRI IV, *entrant à la queue-leu-leu en polkant.*

LES NOUVEAUX VENUS.

AIR de *Sultan-Polka.*

Nous venons voir la fontaine,
La fontain' du Château-d'Eau ;
Elle n'a pas eu de veine,
Ell' coul'ra quand il f' ra chaud.
Nous venons, nous, les statues
Qu'on laiss' griller au soleil,
Nous venons de par les rues,
Dans le plus simple appareil !

LE GÉNIE (*sur place*).

Pour moins griller,
Quand l' soleil étincelle,
Je viens d'aller,
D'aller m' payer
Au Louvre cette ombrelle.

LOUIS XIV (*même jeu*).

J'ai l' sort pareil
Sur la plac' des Victoires ;
Au roi Soleil,
L'astre vermeil
Caus' pas mal de déboires.

HENRI IV (*même jeu*).

Sur le Pont-Neuf,
Le soleil me maltraite ;
J' su' comme un bœuf,
J' cuis comme un œuf.
Sous le pont qu'on me mette.

REPRISE.

Nous venons voir la fontaine,
La fontain' du Château-d'Eau.
Etc.

L'OUVRIER.

N'approchez pas, vous allez vous rajeunir ou vous faire dévorer.

LES TROIS STATUES.

Que signifie...

LA COMÈTE.

Cela signifie, monsieur le Génie de la Bastille, monsieur Louis XIV et monsieur Henri IV, que vous avez devant vous la fontaine du Château-d'Eau... de Jouvence.

HENRI IV.

Ventre-saint-gris, j'y vais piquer une tête pour redevenir Vert-Galant.

LE GÉNIE.

Et moi, j'y plonge mon torse et ma colonne... de Juillet.

LOUIS XIV, *retirant sa perruque.*

J'y trempe ma vieille perruque et mes mollets.

(*L'Eau Laferrière et l'Eau thermale de Belleville entrent. L'Eau Laferrière porte un flacon. L'Eau de Belleville, représentée par un gavroche, porte une bouteille d'eau sulfureuse et un gobelet.*)

SCÈNE VII

LES MÊMES, L'EAU LAFERRIÈRE, L'EAU DE BELLEVILLE.

L'EAU LAFERRIÈRE.

L'eau de Jouvence, c'est moi, — prenez mon flacon.

L'EAU DE BELLEVILLE.

Prenez ma bouteille, mon bain, ma douche, voilà ce qui dégote les Eaux d'Enghien, de Barèges et de Cauterets.

LA COMÈTE.

Pour parler si *haut* vous ne nous dites pas qui vous êtes.

L'EAU LAFERRIÈRE.

L'Eau Laferrière!

LE LIEUTENANT.

Comment monsieur Laferrière fait de l'eau?

LA COMÈTE.

Et toi, petite gamine.

L'EAU DE BELLEVILLE.

Je suis la source d'eau sulfureuse de Belleville.

TOUS.

Pouah!... Tu sens le soufre.

L'EAU DE BELLEVILLE.

Qu'importe, si j'empêche de souffrir.

LA FICELLE.

Et sur quoi sont fondées les prétentions de l'Eau Laferrière?

L'EAU LAFERRIÈRE.

Sur l'éternelle jeunesse de son inventeur qui a quatre-vingt-six ans et qui en paraît trente.

LOUIS XIV.

Peut-on le voir?

L'EAU DE BELLEVILLE.

Certainement venez au théâtre de Belleville il y joue en ce moment le *Médecin des enfants* avec ses bottes.

LA FICELLE.

Air de *l'Apothicaire*.

Si maintenant les comédiens
Imitent monsieur Laferrière,
Du théâtre ils s'ront les soutiens.
Plus aucune reprise à faire.
Si l'on reprend un vieux mélo
Qui n'amène rien dans la caisse,
Vite, on l'asperge avec cette eau,
Et l'on vous sert une nouvell' pièce.

LE GÉNIE

Je me paie un flacon de cette eau-là.

LOUIS XIV.

Moi aussi.

HENRI IV.

Moi, j'en achète deux, — un pour moi, et un pour mon cheval, ventre saint-gris !

LE LIEUTENANT.

J'espère que monsieur Laferrière qui doit être un homme galant en a offert quelques flacons aux dames. Il y en a qui en ont rudement besoin.

LA FICELLE.

Tu n'y penses pas, mon ami — si tous les actrices se mettaient à rajeunir... Il n'y en aurait plus pour jouer les duègnes.

LE LIEUTENANT.

C'est juste.

L'EAU LAFERRIÈRE.

Mon flacon enfonce la fiole de Cagliostro. (*Elle chante.*)

Air : *La Vigneronne de Suresne.* (Villebichot.)

Cette eau-là va changer le monde,
Tout le monde va l'employer :
Les jeunes, les vieux, à la ronde,
Avec cette eau vont s' frictionner;
Paris va tomber en enfance.
Nous r'viendrons tous des nourrissons;
Et si c't âg'-là tent' l'expérience,
Dans l' sein d' nos mères nous retourn'rons.
A quoi bon faire sa tête
En dédaignant ce flacon ?
Messieurs, faites-en l'emplette,
Vos femmes s'en serviront.
Ah ! ah ! ah !
Digue, diguedon.
Ah ! ah ! ah !
Prenez un flacon
De l'eau Laferrière;
Ce philtre doit faire
Son bien tutélaire,
Mèm' sur votr' portière.

L'EAU DE BELLEVILLE,

Attendez un peu, moi aussi — je vais faire sensation... l'année prochaine.

LE LIEUTENANT.

Ah çà! ce n'est donc pas une plaisanterie?

L'EAU DE BELLEVILLE.

Nullement, Belleville va avoir son établissement thermal comme Enghien, Vichy et Spa.

LA COMÈTE.

Et vous aurez un casino?

L'EAU DE BELLEVILLE.

Un casino tout ce qu'il y aura de plus batte aux oignes.

LE LIEUTENANT.

Voilà maintenant les Eaux Thermales à une portée d'omnibus.

L'EAU DE BELLEVILLE.

N'est-ce pas que c'est épatant, bourgeois? — Et vous en verrez bien d'autres.

LA COMÈTE.

Après ça, on peut s'attendre à tout voir,

LA FICELLE.

Même la mer en haut de Ménilmontant.

L'EAU DE BELLEVILLE.

C'est l'été que nous allons avoir là-haut des pétrouskins chics.

LE LIEUTENANT.

AIR : *Pomme d'Api.* (*J'en prendrai une, deux, trois, quatre, cinq.*

Allons prendre un, deux, trois, quatre, cinq,
Six, sept, huit, neuf, dix bains sulfureux;
Belleville est c' qu'on trouve de mieux,

Enghien, Vichy, c'est trop affreux.
Aux eaux d' Bell'vill', on verra, j' pense,
Des ducs, des princ's de la finance,
Des ministres, des généraux,
Des députés, des amiraux,
Des p'tits, des grands, des gras, des maigres,
Russes, Anglais, Chinois et nègres,
Des chefs de gar', des magistrats,
Des gens chics de tous les états.

REPRISE ENSEMBLE.

Nous irons prendre un, deux, trois, quatre, cinq,
Etc.

(*Altercation à la cantonade.*)

LE LIEUTENANT.

Qu'est-ce qui se dispute encore par là?

LA FICELLE.

Ne faites pas attention, c'est un tatoué qui refuse de montrer ses tatouages.

SCÈNE VIII

LES MÊMES, LE TATOUÉ, L'IMPRESARIO.

LE LIEUTENANT, *au Tatoué.*

Comment, monsieur, vous êtes tatoué.

LE TATOUÉ.

Tout tatoué pour la vie, monsieur. (*Il lui donne une poignée de main.*)

LE LIEUTENANT.

Comment ! il me *tutoie*.

L'IMPRESARIO, *au Tatoué.*

Je vous ordonne de retirer votre redingote, votre gilet, votre chemise et votre gilet de flanelle.

LE TATOUÉ.

Et ma culotte aussi?

TOUS.

Ah! non, pas de bêtises.

L'IMPRESARIO.

Ne gardez que l'indispensable.

LE TATOUÉ.

Enfin, qu'est-ce que vous voulez voir ?

LA COMÈTE.

Oui, qu'est-ce que vous voulez voir ?

L'IMPRESARIO.

Je suis directeur d'un café-concert qui vient d'ouvrir rue Maubuée, à côté du tripier ; je veux engager un homme tatoué : on m'a signalé cet homme comme l'étant... je veux voir son tatouage avant de l'engager.

(*Le tatoué a tout retiré, il n'a gardé que son pantalon. Sa poitrine, son dos et ses bras sont couverts de caricatures.*)

LE TATOUÉ.

Et si mon tatouage vous déplaît ?

L'IMPRESARIO.

Je vous ordonnerai de le gratter.

LE TATOUÉ.

Merci, il ne me démange pas, et puis c'est impossible, il est incrusté.

L'IMPRESARIO, *qui a mis ses lunettes.*

Ça, ça n'est pas mon affaire. Allons, ne bougez plus, que je vous examine à la loupe.

L'EAU LAFERRIÈRE.

Ah ! le bel homme !

LE TATOUÉ, *éternuant.*

Dépêchez-vous, je vais m'enrhumer. (*Il chante.*)

AIR *de Marianne.*

Les Bédouins, sur la poitrine
M'ont peint un lièvre, un blaireau ;
Sur les bras, un' martre zib'line,
Un' guenon, un lézard, un chameau.

L'IMPRESARIO.

Sur l'omoplate,
Une tomate.

LE TATOUÉ.

Et dans le dos,
Un gigot haricots.

LE LIEUTENANT, *qui s'est mis aussi à l'examiner.*

Sur le sein gauche,
J' vois en ébauche
Un' têt' de mulet,
Une carotte, un navet.

L'IMPRESARIO.

Allons, je vois que bêtes et plantes,
Sur votre torse ont leurs portraits.
Votre tatouage est traits pour traits :
Un vrai jardin des plantes. (*Bis.*)

LE TATOUÉ.

Brrr... je grelotte. Je vais me r'habiller. (*Il va s'habiller derrière la fontaine.*)

SCÈNE IX

LES MÊMES, VÉNUS, *chantant à la cantonade.*

TOUS.

Place, place à Vénus !

CHOEUR.

AIR : Final du troisième acte de *la Belle Hélène.*

Elle vient, c'est elle;
Elle vient, la voici.
Mon Dieu, qu'elle est belle,
Et son mioche aussi !

(*Vénus entre, suivie d'un petit Amour qui porte la traîne de son peplum. Vénus tient un vaste parasol d'une main, et de l'autre un gigantesque éventail ; un énorme flacon de benzine pend à sa ceinture. Le petit Amour a remplacé son arc par une longue-vue.*)

VÉNUS.

Air : *Place, place à la voyageuse.* (*Petit Faust*, deuxième acte.

Place, place à la voyageuse;
Place à Vénus, vous m'entendez?
Je lâche l'Olympe joyeuse,
A ses dieux je fais un pied d' nez.
Je me sens l'amour des voyages.
Je veux déplacer mon orteil;

(*Elle lève la jambe.*)

Je veux, au milieu des nuages,
L'appliquer sur l' nez du soleil.
Pif, paf, pan,
En avant!
Le pied leste,
Et du geste,
Pif, paf, pan,
En avant!
Vénus et l'Amour
Vont faire un p'tit tour.

LE LIEUTENANT.

Pardon, je connais le passage Brady, le passage Vendôme, le passage du Saumon, le passage Jouffroy, le passage des Princes, voir même le passage du Grand-Cerf, que les maris évitent toujours, mais le passage de Vénus... connais pas!

L'EAU LAFERRIÈRE.

Il ne peut être qu'à Cythère c'passage-là et j'aurai sa clientèle.

L'EAU DE BELLEVILLE.

Et moi aussi.

VÉNUS.

Vous n'y êtes pas mes enfants, le passage de Vénus c'est le passage de ma planète sur cette immense lampe sans huile et sans mèche qui ne file jamais et qu'on appelle tantôt le soleil, tantôt Phœbus.

LA COMÈTE, *tendant la main à Vénus.*

Nous sommes de vieilles connaissances, pas vrai?

VÉNUS.

Tiens, la Comète de 1874. (*Lui rendant sa poignée de main.*) Ça va bien?...

LA COMÈTE.

Ça boulotte.

LA FICELLE.

Et quand allez-vous mettre les pieds dans le plat... non dans le soleil.

VÉNUS.

Dans une heure.

L'EAU DE BELLEVILLE.

A trois heures, fichtre! il va falloir allumer le gaz avant la nuit.

LE LIEUTENANT.

Vous ne craignez pas de vous griller... au soleil.

VÉNUS.

Non, parce que j'ai cette ombrelle pour braver ses rayons.

L'EAU DE BELLEVILLE.

C'est égal vous allez rien suer sous le grand lustre.

LA FICELLE.

Mais ce n'est pas à Paris que votre passage sera visible.

VÉNUS.

Non, c'est au Japon où tous les astronomes du globe se sont rendus pour observer mon passage.

LE LIEUTENANT.

Ils sont veinards les astronomes.

L'EAU LAFERRIÈRE.

Tiens, elle a un flacon aussi.

LE LIEUTENANT.

C'est votre flacon de sels.

VÉNUS.

Non pas, c'est de la benzine.

LA COMÈTE.

De la benzine! Vous avez quelque chose à dégraisser?

VÉNUS

Mais non, vous ne comprenez pas qu'avant de passer sur le soleil, je veux enlever ses taches... pour ne pas me salir.

LA FICELLE.

Et vous emmenez votre fils avec vous.

VÉNUS.

Quelle demande, est-ce que l'Amour n'est pas un sentiment de passage.

L'EAU DE BELLEVILLE.

Parbleu !... comme l'amour des blanchisseuses un sentiment de repassage.

VÉNUS.

Allons, qui est-ce qui vient au Japon pour me voir ?

TOUS.

C'est trop loin.

LE LIEUTENANT.

J'aime mieux aller voir l'Exposition rétrospective du costume.

LA FICELLE.

Allons-y ; elle fait partie des bibelots de Paris.

L'EAU LAFERRIÈRE.

Vous allez vous casser le nez à la porte du Palais de l'Industrie.

TOUS.

Pourquoi cela ?

L'EAU LAFERRIÈRE.

Parce que l'Exposition est close.

LE LIEUTENANT.

Voilà qui est contrariant.

LA FICELLE, *prenant la carte.*

Je connais. (*Au colonel.*) Tu verras là une toute aussi jolie exposition de costume. En route.

TOUS.

En route.

AIR de *Sultan-polka.*

Allons, chez la couturière
Rendons-nous y très-gaiement;
L'arrière-garde en arrière,
Et l'avant-garde en avant. } *ter.*

LE LIEUTENANT.

Je m'y ruinerai,
Pour la femme que j'aime,
J'achèterai,
J'emporterai
Le magasin lui-même.

REPRISE, *en sortant à la queue-leu-leu en polkant.*

Allons, chez la couturière
Etc.

RIDEAU

PERSONNAGES

LE LIEUTENANT.	M. MAX.
LE TROTTIN............	Mlles MARTHE BEN.
LA FICELLE..........................	JANE MAY.
PREMIÈRE ROBE.....	A. JULIAN.
DEUXIÈME ROBE..................	A. GIRARD.
TROISIÈME ROBE......................	J. KLOTZ.
QUATRIÈME ROBE......................	JULIETTE.
CINQUIÈME ROBE......................	BERTHE PIZARD.
SIXIÈME ROBE.........	STELLA.
ÈVE	LÉO-BERNARD.

DEUXIÈME ACTE

Troisième Tableau

LE RÊVE DU TROTTIN

Le théâtre représente un atelier de couturière. Gravures de modes sur les murs. Porte au fond. Six femmes à la dernière mode sont placées symétriquement sur une estrade. Elles ont l'immobilité des mannequins. A gauche, un jeune garçon est endormi sur une chaise, c'est le Trottin de la Couturière. La scène n'est éclairée que par une lampe posée sur une machine à coudre.—Porte au fond.—Portes latérales.

SCÈNE PREMIÈRE

LA FICELLE, LE LIEUTENANT.

LA FICELLE, *entrant à pas de loup par le fond.*
Par ici, par ici, tenez, entrez dans ce cabinet où nous pourrons tout voir et tout entendre.

LE LIEUTENANT.
Mais tous ces costumes ?...

LA FICELLE.

Je vais, pour quelques instants, les animer, et leur donner la vie. Suivez-moi, lieutenant!

(*Ils entrent dans le cabinet à gauche*)

SCÈNE II

LE TROTTIN, *seul.*

(*L'orchestre joue en sourdine l'air :*
Rêve! rêve! Blaisinet! (*Rhotomago.*)

LE TROTTIN, *rêvant.*

Laissez-moi m'en aller... je vous dis que j'en ai assez bu de votre liqueur verte... c'est que je la connais votre absinthe.. elle rend fou... elle pousse même au crime... Et moi, vous savez, faut que j'aille en recette aujourd'hui... et quand on a pu sa tête... un malheur est vite arrivé... Je suis honnête, moi... et je m'en vais... laissez-moi passer... Allons! bon, ousqu'est la porte?... Je ne la trouve plus... vous avez beau rire... je la trouverai... Mais oui, je la trouverai... Ah! c'est y bête, ils l'ont changée de place... ah! non, la voilà... (*Il saisit une des femmes, celle-ci lui administre une claque.*)

Ah! bon sang, quelle gifle!... mais non, que je suis bête. qui est-ce qui me l'aurait donnée puisqu'il n'y a personne dans l'atelier. Ce ne sont pas les mannequins de la couturière... c'est la première fois qu'on aurait vu des... mann... (*A ce moment, on entend un piano jouer un air de valse dans la coulisse.*) Tiens... de la musique... j'en raffole, moi... de la musique... il y a un bal chez la modiste du dessus... en v'là une qui s'en fait du bon sang... toujours des soirées... des bals... oh! mais il me donne envie de danser ce piano-là... (*A ce moment, les femmes descendent de leur estrade.*)

SCÈNE III

LE TROTTIN, LES SIX MODÈLES.

CHŒUR.

AIR : *Valse des Girouettes.* (Raspail.)

LES MODÈLES.

Allons, valsons,
Tournons, tournons.
Nous, les pimpantes toilettes,
C'est la mode qui nous a faites.
Allons, valsons,
Tournons, tournons ;
Parisiennes coquettes,
Bientôt nous vous parerons.
Valsons,
Valsons
Et tournoyons, } *Bis.*
Tournons,
Valsons,
Valsons,
Valsons, valsons,
Ah ! ah !

REPRISE DU CHŒUR.

Valsons, valsons,
Etc.

LE TROTTIN.

Juste ciel !... les robes qui valsent !... comme si elles étaient au Waux-Hall...

PREMIÈRE ROBE.

A la valse qui t'invite,
Vas-tu résister, beau garçon ?
Dans tes bras fais tourner vite
Celles de nous qui te plairont.

REPRISE EN CHŒUR.

A la valse qui t'invite
Ne résiste pas, beau garçon.
Dans tes bras, fais tourner vite
Celles de nous qui te plairont.

LE TROTTIN.

Comment vous voulez que je .. elles veulent que... Ah! je veux bien, moi... La robe sans la femme, ça ne doit pas peser lourd... et puis si je leur marche sur les pieds, je n'aurai pas besoin de leur faire des excuses... Est-ce que les esprits de la rue Nollet auraient changé de domicile?

DEUXIÈME ROBE.

Deuxième couplet.

Il faut être juste sur terre,
Et ce n'est pas l'être du tout,
D'aller danser la nuit entière,
Et nous laisser dormir debout.

REPRISE EN CHŒUR.

Il faut être juste sur terre,
Et ce n'est pas l'être du tout,
Etc.

(*Les Robes se sont emparées de lui et le font valser en se le repassant de l'une à l'autre.*)

LE TROTTIN, *exténué*.

Ass... ouf! je n'en puis plus... je n'ai plus un fil de sec, eh bien, merci, qu'est-ce que ça seraient, si les femmes étaient dans les robes... quand je dis les robes... je suis bien honnête... car enfin, pour ce qu'elles en ont... aujourd'hui... si le corsage continue à descendre et la jupe à se remonter, qu'est-ce qui restera?...

PREMIÈRE ROBE.

Il nous restera notre premier costume, qui n'est pas déjà si désagréable.

LE TROTTIN.

Ah! le waterprooff de madame Ève, en voilà un dont j'aurais bien voulu coudre les manches.

AIR : *Si j'étais hirondelle* (Chanson de Philibert).

Je n' suis qu'un garçon de recette
Dont l'âme est pleine de candeur;
Je pass' pour n'être pas trop bête
Et pour avoir d' l'amour au cœur;

Mais s'il était encor' d'usage
D'avoir un' feuill' pour tout vêt'ment,
Pour nous, mesdam's quel avantage,
Car nous dirions à chaque instant :
Ah! pour nous! le bonheur sur la terre,
C'est d'être cou,
C'est d'être tu,
C'est d'être couturière!

LES FEMMES REPRENNENT EN CHOEUR.

Ah! pour eux, le bonheur sur la terre,
S'rait d'être cou,
S'rait d'être tu,
S'rait d'être couturière.

DEUXIÈME ROBE.

Vous n'y pensez pas, avec le *phyloxera*, ça n'est pas le moment de se tailler une jupe dans la vigne.

TROISIÈME ROBE.

Ève reviendrait à l'instant, qu'il ne faudrait pas s'étonner de voir un progrès dans son costume.

LE TROTTIN.

Je ne suis pas curieux mais je voudrais bien voir cela...

(*Apparition de Eve à la place de la porte, sous un rayon de lumière électrique. Elle est représentée au pied du pommier, dans son costume légendaire, avec addition d'une paire de bas de couleur écossais, elle a des bottines, elle a sur ses cheveux flottants un chapeau tyrolien très-petit, tel qu'on les porte aujourd'hui, et la ceinture à la mode, garnie d'un éventail, d'un en-tous-cas et d'une boîte à poudre de riz.*)

TOUTES.

Ève!...

LE TROTTIN.

Ev' va parler!

SCÈNE IV

LES MÊMES, ÈVE.

ÈVE, *sur un ton déclamatoire.*

Oui c'est moi qui viens vous donner une leçon de morale; c'est Ève qui vient demander à se vêtir; c'est drôle, mais c'est comme ça.

TOUTES.

Cette chère maman! comme elle est changée.

ÈVE.

Si vous voyiez Adam, il est encore bien plus dégommé!

LE TROTTIN.

Dégommeux, elle veut dire.

ÈVE.

AIR: *A Toulouse, un Toulousain.* (2me acte de *la Jolie Parfumeuse*).

Votre surprise est naturelle,
Vous ne pensiez pas me revoir;
Pour être à la mode nouvelle,
Mes filles, je reviens ce soir.
Soumettez-moi tous vos costumes,
Vos plus décents.,. c'est là le hic.
Je m'initie à vos coutumes,
Au Paradis, j' veux donner l' chic.

Filles d'Ève, montrez-moi
La mode qui fait la loi.
Rien n'égale
La morale.
Aujourd'hui, la nudité
S'rait un vêt'ment mal porté.

REPRISE ENSEMBLE.

Filles d'Ève, montrons-lui
La mod' qui prime aujourd'hui.
Rien n'égale
La morale.
Etc.

(*Les femmes font groupe autour d'elle, en lui présentant des gravures et des colifichets. Le Trottin reste en extase devant Eve. —Tableau.*)

RIDEAU.

PERSONNAGES

LE GRAND SACRIFICATEUR............	MM. SAINT-AUBIN.
LE LIEUTENANT..........................	MAX.
LE GUELFE..............................	A. PHILIBERT.
NAPOLI....................................	TRAINEAU.
LE SOUFFLEUR..........................	TRAINEAU.
LE DÉTECTIVE..........................	DUCHÉ.
LE PARIA..................................	FERNAND.
LA FICELLE..............................	JANE MAY.
DÉJAZET....................................	MARTHE BEN.
LE CAPITAINE FORTUNATO............	ADÈLE GIRARD.
GIROFLÉ-GIROFLA.....................	A. JULIAN.
LA FAMILLE TROUILLAT.............	A. VEUILLET.
L'ÉLÉPHANT DU TOUR DU MONDE...	ADOLPHE.

Quatrième Tableau

SACRIFICES DRAMATIQUES

Le théâtre représente un temple romain rappelant le temple de Vesta. Au milieu brûle sur un trépied le feu sacré... dramatique. A gauche, des siéges.

SCÈNE PREMIÈRE

LE SOUFFLEUR, *seul.*

(*Au lever du rideau, le souffleur du feu sacré souffle avec un soufflet.*)

Air : *L' Léopard et la Panthère.*

Soufflons, soufflons le feu,
Rappelons les Vestales.
S'il s'éteignait un peu,
Ah ! quelles saturnales !
Le patron me flanqu'rait
A l'instant à la porte.
Quéqu' part il me donn'rait
Un coup d' pied pour escorte.

REFRAIN.

Eh ! soufflons donc,
Eh ! soufflons donc,
Puisque d' souffler ça rapporte ;
Eh ! soufflons donc,
Eh ! soufflons donc,
Pour fair' prendre le charbon.

LE SOUFFLEUR.

Satané feu ! Il est mouillé, mais y sera toujours assez flambant pour ceux qui vont y laisser leurs cendres. et il paraît qu'y en a un tas, aujourd'hui ; faut dire que c'est toujours comme ça à la fin de l'année. Dépêchons-nous, le grand sacrificateur-conférencier s'avance... Je viens de l'entendre éternuer sur les dalles du temple.

(*Il souffle avec plus d'ardeur.*)

SCÈNE II

LE SOUFFLEUR, LE GRAND SACRIFICATEUR.

LE GRAND SACRIFICATEUR, *il porte à chaque bras un panier de blanchisseuse, rempli de manuscrits. — Déposant les deux paniers.*

Deux mille huit cent dix-neuf manuscrits!... Ouf!... j'en ai ma claque!... (*S'adressant au souffleur.*) Mais ce feu ne va pas! Remettez deux sous de braise. (*Au public.*) Je ne regarde pas à la dépense... et retirez-vous...

(*Le souffleur salue et se retire.*)

SCÈNE III

LE GRAND SACRIFICATEUR, *imitation de M. Henri de Lapommeraye*).

Repassons le programme et la marche... (*Il lit.*) Année dramatique 1874... Fichtre!... que de fours!... Deux sous de braise ne peuvent plus suffire... J'en ferai venir un sac...

AIR :

Avec tristesse je constate
Que ce sont tous mes protégés,
Les jeunes, dont le talent rate;
La vogue est aux auteurs âgés.
Mais, malgré tout, moi je les aime,
Ces enfants, ces jeunes auteurs,
Aux jeunes j'érig'rai moi-même
Un théâtre rue des *Jeûn.. eurs.*

SCÈNE IV

LE MÊME, LE SOUFFLEUR, *rentrant.*

LE SOUFFLEUR.

Il y a dans ce vestibule deux nobles étrangers qui demandent à être présentés au Grand Sacrificateur populaire conférencier.

LE GRAND SACRIFICATEUR, *mettant son binocle.*

Quels sont-ce?

LE SOUFFLEUR.

Quelle sauce !...

LE GRAND SACRIFICATEUR, *magistralement.*

J'ai dit : quels sont-ce ?...

LE SOUFFLEUR.

J'ai bien compris : Quelle sauce... Seulement, vous prononcez ça nazaliquement. (*Il sort en cascadant.*)

SCÈNE V

LE GRAND SACRIFICATEUR, LE LIEUTENANT, LA FICELLE.

LA FICELLE.

Ayant été informée de l'heure des sacrifices que vos connaissances profondes ont trouvé nécessaire d'appliquer aux œuvres plus ou moins douteuses de l'art dramatique, je me suis empressée de venir y assister, en compagnie de ce noble sportmann, qui se chargera de rendre compte à sa patrie de vos justes appréciations. (*Elle s'incline. — Le lieutenant fait de même.*)

LE GRAND SACRIFICATEUR.

Vous me comblez.

LE LIEUTENANT, *indiquant le feu qui brûle et allant pour allumer un cigare.*

Vous permettez, monsieur ?

LE GRAND SACRIFICATEUR.

Impossible. Le résidu qui sortira de ce feu ne doit être autre chose que la cendre des manuscrits dont le vent emportera dans l'oubli jusqu'à la dernière parcelle! *(Il passe au colonel un briquet à amadou dont celui-ci se sert pour allumer son cigare.)* Maintenant, monsieur et madame... Veuillez vous asseoir.

LE LIEUTENANT.

Il n'y a pas de chaises.

LA FICELLE.

Dame, c'est que nous ne sommes pas au boulevard des Capucines, ici.

LE GRAND SACRIFICATEUR.

Je vais commencer par le sacrifice parlé, je continuerai par le sacrifice chanté et je terminerai par le sacrifice sauté.

LE LIEUTENANT.

Aux champignons ?

LE GRAND SACRIFICATEUR.

Non, monsieur ; suivez bien mon raisonnement, et ne m'interrompez, je vous prie, que lorsque je cesserai de parler.

LE LIEUTENANT.

Quelle facilité d'élocution !

LA FICELLE.

Henri de Lapommeraye n'a qu'à bien se tenir.

LE GRAND SACRIFICATEUR.

La salle est pleine... La recette sera bonne... J'entre en matières... Soyez tout ouïes... et tout oreilles...

LE SOUFFLEUR, *annonçant au fond.*

Le théâtre des Ganaches.

SCÈNE VI.

LES MÊMES, BERTHE D'ESTRÉES ET MARCELLE.

LE LIEUTENANT, *à part.*

Qu'est-ce que ça peut bien être que ce théâtre-là?

LA FICELLE, *de même.*

Tu ne connais pas le Vaudeville?

LE LIEUTENANT.

Ah! si! rue de la Chaussée-d'Antin, la boutique qui fait le coin.

LE GRAND SACRIFICATEUR, *à Berthe et à Marcelle.*

Jeunes filles, approchez. Je ne vous mangerai pas.

MARCELLE, *toussant.*

Hum, hum! hum!

LE LIEUTENANT.

Pauvre petite, elle est bronchiteuse!

BERTHE D'ESTRÉES.

Ça se comprend, cette pauvre Marcelle, à force de vivre au milieu des malades, elle en a pris le germe, et sa maladie n'a fait qu'empirer... Moi! Berthe d'Estrées, j'ai pris sa place dans la maison de santé du docteur Dennery...

MARCELLE.

Maison qui n'a pas été plus salutaire pour toi, car l'auteur de tes jours te noyait au bout de quinze jours dans le fleuve de l'oubli.

LE GRAND SACRIFICATEUR.

Comment dans le fleuve.— Dites en *Rivière*! *

LA FICELLE, *au lieutenant, devenu rêveur.*

Eh bien, lieutenant, à quoi pensez-vous donc?

* Nom de l'auteur de *Berthe d'Estrées*.

LE LIEUTENANT.

J'étais entrain de me dire que le théâtre de la rue de la Chaussée-d'Antin ne justifiant aucunement son titre, il est complétement inutile qu'il en décore son fronton plus longtemps.

LE GRAND SACRIFICATEUR.

Parfaitement pensé!

LA FICELLE.

Eh bien, et les bustes qui décorent ce fronton, et ceux qui sont à l'intérieur? Pauvres hommes d'esprit! doivent-ils se faire vieux dans leurs niches.

MARCELLE.

C'est-à-dire qu'ils font peine à voir, ils versent toutes les larmes de leurs yeux de pierre.

BERTHE.

Il paraît qu'ils chantent, car l'autre nuit on les a entendus du restaurant Américain.

LE LIEUTENANT.

Et que célébraient leurs chansons?

BERTHE.

Le luth du Vaudeville. (*Elle chante.*)

AIR du *Duc de Byzance*.

Momus, dans son temple,
Gardait la gaîté;
J'en donnais l'exemple
En enfant gâté.
Le temps, sur son aile,
Emporta Momus,
En vain je l'appelle,
Car on ne rit plus.
Le Vaud'ville est mis au rencart
Dans le monde
A la ronde.
Je d'mand' si l'on vit par hasard
Piron, Vadé, Panard!

LA FICELLE.

Patience, le Vaudeville se relèvera...

SCÈNE VII

LES MÊMES, NAPOLI.

NAPOLI.

Si vous zavez bousoin d'un homme fort, je zouis là... M'avez-vous vu travailler à l'Harmonie.

LA FICELLE.

Ah! vous êtes musicien par dessus le marché.

NAPOLI.

Mais non, l'Harmonie, c'est un café-concert du faubourg Saint-Martin, très-bien fréquenté et servi par des femmes. (*Tous les personnages des scènes précédentes sont rentrés, suivant Napoli pour assister à ses exercices.*)

LE GRAND SACRIFICATEUR.

Ah! oui, je connais; l'élite de la société va là ?

LA FICELLE.

Tu veux dire la société des *lites*.

NAPOLI.

Zé souis fourieux, on vient dé mé dire qu'à La Scala il y a un homme plou fort qué moi.

LE GRAND SACRIFICATEUR.

Ça c'est vrai, il se met la tête en bas et enlève un cheval avec sa mâchoire.

NAPOLI.

Belle malice!... Est-ce que vous croyez que le chéval il serait moins lourd si on loui rétirait sa mâchoire.

LA FICELLE.

Mais non, vous n'y êtes pas, c'est l'hercule qu l'enlève avec sa propre mâchoire.

NAPOLI.

Oh ! propre, rien ne lé prouve.

LE LIEUTENANT.

Enfin, qu'est-ce que vous faites... vous ?

NAPOLI.

Moi ? Vous voulez le savoir ?

LE LIEUTENANT.

Je ne demande que ça.

NAPOLI.

Eh bien, vous allez lou voir. (*Il remonte la scène, et frappant dans la main, il appelle*) : Goustave ! Goustave !

LE LIEUTENANT.

J'y suis, il y un compère. (*Entre un éléphant se tenant debout sur ses deux pieds de derrière.*)

TOUS.

Un éléphant !

NAPOLI.

Né lé dites pas, je l'ai chippé dans la rue dé Bondy à l'heure où on le sourt de la Porte-Saint-Martin pour lui faire prendre ses petites précautions avant la réprésentation pour qu'il ne manque pas dé respetto dévant lé poublic.

LE GRAND SACRIFICATEUR.

Comment, vous allez empêcher la représentation à Larochelle.

LE FICELLE.

Mais non, à la Porte-St-Martin... comment va-t-on jouer *le Tour du Monde* !

LE LIEUTENANT.

Ils vont chercher leur éléphant partout.

NAPOLI.

Qué ça mé fait. Zé souis étranger, il me faut un éléphant, zé lé prends où zé lé trouve... regardez ce qué z'en fais.

TOUS.

Ah ! ah ! voyons !

(*Napoli laisse tomber l'éléphant sur lui, il étouffe dessous, après des efforts inouïs, il se dégage, se remet sur pied et prenant l'éléphant d'une main par la trompe et de l'autre par une jambe de derrière, il embouche la trompe et joue du cor de chasse. — Musique de cor à l'orchestre : Le Roi Dagobert.*)

LE LIEUTENANT.

C'est miraculeux, il joue de la *trompe.*

TOUS.

Il ne nous a pas trompés.

NAPOLI.

Dé plou fort en plou fort, comme chez Tricoche et Cacolet. (*Il le porte à bras tendu, il salue, et met l'éléphant sous son bras. Fausse sortie.*)

SCÈNE VIII

LES MÊMES, LE DÉTECTIVE.

LE DÉTECTIVE.

Au nom de Jules Verne et d'Ennery, auteurs et propriétaires du *Tour du Monde*, moi, détective, je vous arrête, pour vol d'un éléphant, la nuit, avec effraction, dans un théâtre habité par dix mille francs de recette.

AIR : *Œil crevé.*

Rendez-moi mon éléphant,
Sacripant.

NAPOLI.

Zé lou garde pour mon tour
A mon tour.

LA FICELLE.

Pour cesser la discussion
Sans prison ..

LE GRAND SACRIFICATEUR.

A l'Acclimatation,
M'nez-les donc

(*Napoli et le Détective se bousculent.*)

LE DÉTECTIVE.

Ah ! c'est comme ça ! ah ! tu me résistes, eh bien, tiens ! (*Il lui donne un coup de pied.*) Celui-là, tu ne l'auras pas volé !

LE GRAND SACRIFICATEUR.

Oh ! en plein dans le plus grand succès de l'année.

LE LIEUTENANT.

Dans quoi donc ?

NAPOLI.

Dans les *Deux ourphelines* ! ! ! (*Il sort*).

LE GRAND SACRIFICATEUR, *sur un ton de conférencier*.

Maintenant, messieurs et mesdames, je ne ferai pas comme quantité de charlatans, mes confrères, je n'abuserai pas plus longtemps de vos précieux instants. La nature, prodigue de ses faveurs, m'a serti dans le larynx un petit diamant... je ne vous dis que ça... messieurs, au feuilleton... chanté...

LE LIEUTENANT, *chantant*.

Sur l'air du tra la la la,
Sur l'air du tra la la la...

LE GRAND SACRIFICATEUR, *vexé*.

Non, monsieur, sur les airs d'Offenbach, de Lecocq et de Membrée.

LE PREMIER SOUFFLEUR, *annonçant*.

L'Opéra populaire, les Bouffes, les Fol' Dram., le théâtre du Château-d'Eau, la Renaissance...

LE LIEUTENANT.

En voilà une fournée !

LA FICELLE.

Fournée n'est pas précisément le mot, car il y a de l'un et de l'autre.

SCÈNE IX

LES MÊMES, LE PARIA, LE CAPITAINE FORTUNATO, GIROFLÉ-GIROFLA, THÉRÉSA-TROUILLAT.

AIR : *Ot' tes pieds d' là.*
(*Ils chantent tous, moins le Paria et Thérésa.*)

CHŒUR.

V'là des succès,
Et des plus complets;
Vite, un' conférence!
Qu'on nous encense!
Le Paria,
La Famille Trouillat,
On n' veut pas d' vous là;
R'tirez vos pieds d' là.

LE GRAND SACRIFICATEUR.

Deux fours, seulement, je préfère cela... je n'ai plus de braise pour la crémation dramatique... Avancez, la Famille Trouillat.

THÉRÉSA.

Me v'là.

LE LIEUTENANT.

Tiens, mais je la reconnais, c'est Thérésa.

THÉRÉSA.

Eh ben, oui, et j'ose dire que c'est moi qu'a soutenu toute ma famille.

LA FICELLE.

Il est de fait qu'elle vous doit ses deux mois de séjour à la Renaissance.

THÉRÉSA.

Tenez, vous êtes de bons enfants, vous me plaisez, je vas vous chanter quelque chose.

AIR : *La Déesse du Bœuf gras.* (BLAQUIERE.)

Me v'la-t-encor, je suis toujours la même;
J'ai ma grand' bouche et mes bras peu dodus.
J'sais ben qu' c'est pas pour mon physiqu' qu'on m'aime.

Je sais fort bien qu' je n' suis pas un' Vénus,
Mais, pour chanter la chanson comm' j' la chante,
C'est pas facil', je puis vous le prouver;
A la Gaîté, dans la Chatt', moi j'enchante.
En rein' Carott' je sus aussi charmer,

V'là la peau d'ân' qui ronfle,
Acclamez Thérésa;
Venez voir son triomphe
Dans la Famill' Trouillat. } *Reprise en chœur.*

LE GRAND SACRIFICATEUR.

A vous, l'Opéra populaire.

LE LIEUTENANT.

L'Opéra populaire! Où prenez-vous ce théâtre-là?

LA FICELLE.

C'est le théâtre du Châtelet approprié au drame lyrique.

LE LIEUTENANT.

Eh bien, le théâtre d'en face, le Lyrique, qu'est-ce qu'il dit de celà?

LA FICELLE.

Ça lui est bien égal, il ne joue plus que du drame.

LE LIEUTENANT.

Du drame?

LE GRAND SACRIFICATEUR.

Mais oui, il s'appelle maintenant théâtre Lyrique et dramatique, et joue la *Jeunesse du roi Henri*, et ses acteurs sont sifflés tous les soirs.

LE LIEUTENANT.

C'est donc un four?

LA FICELLE.

Mais non, ce sont les chiens de la meute qu'on rappelle, mais les acteurs ne peuvent pas s'habituer à ce genre d'ovation.

LE GRAND SACRIFICATEUR.

AIR *des couplets d'Adolphe.* (*Petit Faust, troisième acte.*)

Le chien d' chasse est à la mode
Au théâtre. A l'Odéon,
D' s'en servir on trouv' commode.
A-t-on tort? a-t-on raison?
Un directeur, homme sage,
Que chacun d' vous connaît bien,
M'a dit : Un' meute j'engage,
Pour que ma troupe ait du chien.

LA FICELLE.

C'est justement ce qui manquait au Paria... du chien.

LE PARIA.

Quelle erreur! ma musique est très-guillerette, écoutez-la, monsieur. (*Il chante.*)

LE LIEUTENANT.

Mais ce sont *les Amours du Diable* que vous nous chantez là!

LE PARIA.

Tiens, c'est vrai, c'est malgré moi.

LE GRAND SACRIFICATEUR.

Ne vous en défendez pas, honnête Paria, je comprends cela.

LA FICELLE.

Tiens, je n'avais pas remarqué, il n'a qu'un bras.

LE LIEUTENANT.

C'est vrai, il est manchot. Pourquoi cela?

LE PARIA.

Parce que je suis *de Membrée.*

LE GRAND SACRIFICATEUR.

Au feu, le Paria! au feu, la Renaissance!

GIROFLÉ-GIROFLA.

Un instant.

LE LIEUTENANT.

Tiens, Milie et Christine, je les croyais à l'étranger...

LA FICELLE.

Mais non, tu n'y es pas, c'est la nouvelle opérette de la Renaissance.

GIROFLÉ, *chante*.

AIR : *Père adoré, c'est Giroflé (premier acte, Giroflé).*

C'est avéré,
J' suis Giroflé;
J'arrive de la Renaissance
Pour vous chanter,
Vous débiter
Mes airs, dont le succès est immense.

(*Se retournant et présentant le côté Girofla. Elle chante. Même air.*)

Voilà, voilà,
J' suis Girofla.
J'arrive de la Renaissance
Pour vous chanter,
Vous débiter
Mes airs, dont l' succès est immense.

LE GRAND SACRIFICATEUR.

Sacrelotte, mais avec ces succès-là, j'use ma braise pour rien.

LE GUELFE.

En tous cas, ce n'est pas avec moi, mon bonhomme !... Car je suis un grand succès.

LE GRAND SACRIFICATEUR.

Qui êtes-vous?

LE GUELFE.

Figurant à la Gaîté... dans *la Haine* !...

LE LIEUTENANT.

La Haine... ça manque de gaieté.

LE GUELFE.

Ah! mon n'hussard, vous croyez *qu'oùs qu'il* y a d'la

haine il n'y a pas de plaisir!... Vous allez en juger!... (*Serrant sa pipe.*) Va te coucher Joséphine, je te culotterai plus tard!... L'action se passe à Sienne en 1369. — C'est pas hier. — Les Guelfes, qui sont pas des aristos, se bûchent avec les Gibelins, qui en sont, eux, des aristos! Vous voyez ça d'ici... V'là du reste comment le grabuge arrive. — Lafontaine.

LE GRAND SACRIFICATEUR.

Lafontaine... du Château-d'eau?

LE GUELFE.

Eh! non!... eh! non.

LE LIEUTENANT.

Lafontaine... Molière?

LE GUELFE.

Eh! non!

LA FICELLE.

La fontaine des Innocents?

LE GUELFE.

Eh! non! Lafontaine de la Gaîté.

LE GRAND SACRIFICATEUR.

Ah! oui!... devant le square.

LE GUELFE.

Tu vas te taire. Exupère!... parce qu'on est grand sacrificateur, y n' faut pas s' *quare* le droit de tout dire. (*A la Ficelle.*) Il voudrait que je *l'avalasse*... sa fontaine!... Je renarre! Lafontaine qui fait Orso Chavagnano, est le fils d'un cardeur de matelas de la place du Caire... de Sienne.—Un jour de fête, ce héros populaire s'avisa-t'y pas de jeter à la tête de Cordelia Salsifinari, qui guettait les marchands d'habits à son balcon, une couronne de chiendent. L'altière patricienne, sœur des deux Gibelins les plus rupins de la ville, rejette la couronne en plein dans le nez de l'artisan Guelfe, en lui criant : (pas au nez) Eh! va donc, ramolli, meurt-de-faim, figurant à la Salpêtrière... Enfin toutes choses qui blessent un Italien qui a du cœur au ventre... Voilà l'origine de la Haine... Pas vrai, monsieur Sardou? — Tiens, il n'est pas là!

LE LIEUTENANT.

Ça finit là ?

LE GUELFE.

Oh ! non ; ça finit à minuit moins cinq, seulement je peux pas tout vous narrater, ce serait trop long. (*Montrant le nez du Grand-Sacrificateur.*) Ce serait plus long que le nez à monsieur.

LE LIEUTENANT.

Le fait est que j'ai un *nez rare*.

LE GUELFE.

Chut !... faut dire ça... *piano*.

LE LIEUTENANT, *au Guelfe.*

Encore un mot. Alors figurants Guelfes et figurants Gibelins se flanquent des torgnoles tous les soirs ?

LE GUELFE.

Ah ! monsieur ! quelle purée de cadavres ! — La scène est jonchée de morts. — Il y en a encore plus que dans *Libres*, le drame grec que nous avons joué l'année dernière.

LE LIEUTENANT.

Qu'est-ce que vous êtes vous ?

LE GUELFE.

Moi, mon hussard, je suis de Belleville.

LE LIEUTENANT.

Mais non, je vous demande si vous êtes Guelfe ou Gibelin dans *la Haine*.

LE GUELFE.

Oh ! monsieur, je suis vainqueur, je suis Guelfe... Je n'ai signé mon engagement qu'à cette condition-là. Sans ça j'aurais continué mon métier.

LE LIEUTENANT.

Quel est votre métier ?

LE GUELFE.

Un métier honorable : *Ramolisseur de pain rassis pour les restaurants à vingt-deux sous.*

LE LIEUTENANT, *lui serrant la main.*

C'est bien ! ça *l'ami.*

LE GUELFE.

Oh ! *la mie* et *la croûte*, je ramollis tout.

LA FICELLE.

Monsieur oublie de vous dire que les Gibelins prennent leur revanche à la fin du spectacle.

LE GUELFE.

Ça, c'est vrai, que les rôles changent un peu, rue Réaumur. (*Il chante*).

AIR : *Ça vous coupe la gueule à quinze pas.*

Des cinq cent soixante et quelques figurants,
Faut v'nir observer la sortie ;
C'est un mélang' des typ's les plus différents ;
D'êtr' figurant, ça donne envie.
Les Gibelins, qui n' nous gob'nt pas,
Cherch'nt à nous assommer dans la rue.
Et dam', je l' dis d'une voix émue :
Y vous coup'nt les Guelf's à quinz' pas.

Sur ce, je m'esbigne, pour aller claquer au quatrième tableau... Ah ! dites donc, que je vous avertisse. — Quand vous allez venir à la Gaîté, ayez bien soin de prendre le numéro de l'ouvreuse.

LE LIEUTENANT.

Que signifie ?...

LE GUELFE.

Ça signifie que ces dames viennent d'être numérotées comme des voitures de place. (*Il sort.*)

LA FICELLE.

Alors on va être forcé de les prendre à l'heure.

LE CAPITAINE FORTUNATO.

A mon tour, je suis pressé, mes dragons m'attendent à la porte pour escorter Madame l'Archiduc jusqu'au passage Choiseul.

LE LIEUTENANT.

Quel est ce dragon?

FORTUNATO. (*Il chante.*)

Air : *Qui je suis, on le voit sans peine.* (*Madame l'Archiduc, premier acte, scène XI.*)

Qui je suis, on le voit sans peine :
Je suis le joli petit capitaine
Il Piccolo,
Piccolino,
Fortunato,
Cherubino.

COUPLET.

Quand j'escorte, sur le théâtre,
Des Bouff's, avec mes dix clairons,
Celle dont la foule idolâtre
Bisse et rebisse les chansons,
Tous les cœurs battent dans la salle,
Et j'entends les gilets en cœur
Crier en chœur : Qu'elle est jolie!
Cette Judic qui fait fureur!

Taratatata.

Mais tout l' monde n'a pas la veine
D'être le joli capitaine,
Le joli petit capitaine
Fortunato,
Cherubino.

REPRISE EN CHOEUR.

Taratatata.
Tout le monde n'a pas la veine
D'être le joli capitaine,
Le joli petit capitaine
Fortunato,
Cherubino.

LE GRAND SACRIFICATEUR.

Vous nous parlez bien de Madame Judic, mais vous ne nous dites rien de ses deux camarades.

LA FICELLE.

Ah! oui, que faites-vous donc de Madame Peschard et de Madame Théo?

LE CAPITAINE.

Madame Théo joue *la Jolie Parfumeuse* en Belgique.

LE COLONEL.

Ça doit être le petit chou de Bruxelles.

AIR : de *la Jolie Parfumeuse.*

Y a des gens qui s'imaginent bien
Que c'est facil' d'être l'idole
De ce public dont presque rien
Excite l'hilarité folle.
Eh bien, ces gens-là, voyez-vous,
Ils n'ont pas la jugeotte habile,
Car pour être étoile, entre nous,
Pour être une étoile, entre nous,
Ça n'est déjà pas si facile,
- Si facile.

LA FICELLE.

Jugez-en.

LE LIEUTENANT.

Et Madame Peschard ? où donc gazouille-t-elle à présent !

LE CAPITAINE.

Aux Variétés, dans *les Prés-Saint-Gervais.*

LE LIEUTENANT.

Attendez donc, *les Prés-Saint-Gervais,* j'ai vu jouer ça.

LE GRAND SACRIFICATEUR.

Oui, au Théâtre-Déjazet, et par Déjazet elle-même.

DÉJAZET, *costume du prince de Conti (entrant).*

Convenez que Peschard est ravissante, mais que le vrai prince de Conti, c'est moi.

TOUS.

Déjazet !

DÉJAZET.

Oui, Déjazet, qui restera fidèle à son art, jusqu'au dernier soupir, oui, c'est moi, mes amis, c'est Déjazet qui a revêtu cet habit qu'elle porte si bien, pour venir exprimer ce soir à ce public qu'elle adore ; toute la reconnaissance dont son cœur déborde. — Frétillon, Lisette, Létorières, Lauzun, Richelieu, Garat, Bonaparte, Gentil-Bernard, Lulli, Lantara, tous mes rôles, toutes mes incarnations, enfin, venez remercier ce public qui vous a sacrés mes grands succès. — Ah ! mes amis, mes bons amis, que d'émotions, que de larmes j'ai versées à cette mémorable représentation que vous avez si généreusement organisée à mon bénéfice. Ah ! j'ai bien cru que j'allais mourir de joie quand, au milieu de tous les artistes de Paris, et devant les illustrations de ce même Paris, Duprez, le roi du chant, me couronna, moi, Lisette, reine de la chanson ! Grâce à vous, Frétillon ne pourra plus dire avec sa chanson :

Cette fille,
Qui frétille, } *Reprise en chœur.*
Mourra sans un cotillon.

(Depuis un instant, le Grand Sacrificateur est remonté au fond. Il en redescend avec une couronne qu'il présente au prince de Conti.)

LE LIEUTENANT.

Laissez-moi vous chanter ce que vous a si bien dit un poëte. *(Il chante.)*

Air nouveau de M. Raspail.

Lorsque Dieu fit sortir de l'ombre,
Où tout se repose enfoui,
L'oiseau rieur et le flot sombre,
Ce qui brille et ce qui fleurit,
Sur les lèvres de chaque chose
Il mit un chant doux et vermeil,
Un chant de parfum à la rose,
Un chant de rayons au soleil.
Aux sources, des blancheurs d'écume,
Des flots d'harmonie aux oiseaux,
Dont le vent fait trembler la plume,
Des frissons rêveurs aux roseaux.
Vous ! la chanson pleine d'ivresse
Qu'il vous a dit de nous chanter,
C'est un poëme de jeunesse
Dont chaque vers est un baiser.

DÉJAZET.

Ah! mes amis! mes bons amis! c'en est trop, voyez, je pleure, la joie, le bonheur m'étouffent, je voudrais mourir là, au milieu de vous. — Mais non, je suis trop riche pour vous quitter, maintenant, et je sens que cette vieillesse dorée ne m'empêchera pas de vous charmer encore; — peu m'importe que les années arrêtent mes jambes, si la jeunesse, qui est ma bonne fée fait encore marcher mon cœur. — Ah! mes souvenirs, ah! le beau temps! tout ce qui me reste à vivre, tout pour une seule journée d'autrefois. Quel soleil en ce temps-là! bien plus brillant qu'aujourd'hui! Quelles fleurs bien plus fraîches. (*Enlaçant la taille de la Ficelle.*) Je vois encore notre chambre sous les toits; ici mon clavecin; là ton métier; plus loin la fenêtre; et au fond... ah! au fond l'alcôve, et ta jolie tête sur l'oreiller... car nous n'en avions qu'un. — Le soleil se lève... nous dormons encore... (*Elle chante.*)

AIR : *Je pars, déjà de toutes parts* (*Monsieur Garat*).

Du jour,
Annonçant le retour,
Sur les toits d'alentour
L'oiseau chante et bavarde;
Malgré
Le rideau bien tiré,
Un beau soleil doré
Inonde la mansarde.
Manon
Rit de mon air grognon,
Et prenant son jupon,
M'agace et me bouscule;
Et moi, pestant tout bas,
Je trouve enfin mes bas,
L'un sous le matelas,
L'autre sur la pendule.
Quel trésor
Sort de ma lévite?
Il résonne, c'est un louis d'or!
Je m'élance et le prends bien vite,
Fort épris qu'il existe encor.

Jour de fête,
On apprête
Ma toilette.
Ton corset
Je te lace
Avec grâce,
Et je casse
Le lacet.

LE GRAND SACRIFICATEUR.

A présent je vais vous présenter...

LE LIEUTENANT.

Oh! rien... il est onze heures... je n'ai que le temps d'enfourcher Caradoc pour regagner Vienne.

LA FICELLE.

Et moi de rentrer dans ma caisse avec mes pantins pour débarquer au plus vite et sans avarie, dans les États de Ranalalatutu.

TOUS.

AIR : *Tout le Monde sur le Gril* (de Georges Rose).

Bon voyage, bon voyage,
Aux *Bibelots de Paris*,
Qu'ils ne fassent pas naufrage,
Pour plaire en d'autres pays.

LE GRAND SACRIFICATEUR.

Tous deux, de la capitale,
Gardez un bon souvenir.

LE LIEUTENANT.

C'est un' ville sans égale,
J'aurai soin d'y revenir.

Reprise.

Bon voyage, bon voyage,
Aux *Bibelots de Paris*,
Etc., etc.

(*La Ficelle rentre dans la caisse. Le Lieutenant s'éloigne en saluant de la main. — Le Rideau baisse.*)

5 771 Paris. — Typographie Morris Père et Fils, rue Amelot, 46.

EN VENTE CHEZ LE MÊME ÉDITEUR

PIÈCES DE THÉATRE, FORMAT GRAND IN-18 ANGLAIS

Revendication, dr. en 3 actes. 1 50
Mon Abonné, com. en 1 acte.. 1 »
Les Chevaliers de la Charité, drame en 5 actes........... » 50
Les Bêtes noires du Capitaine, comédie en 4 actes.......... 2 »
Le Théâtre Scribe, prologue en vers...................... » 50
Mémoires d'un Flageolet, vaudeville en 3 actes.......... 1 50
Le Théâtre Archi-moral, monologue en 1 acte............ 1 »
Les Filles de l'air, pièce fantastique en 3 actes........... 1 50
Les Jeunes, prologue en vers. » 50
Un lit pour Trois, vaud. 1 acte. 1 50
Pourquoi plus de chansons? monologue................ 1 »
Bobinette, vaudeville en 1 acte. 1 50
Bagatelle, op.-com. en 1 acte. 1 50
La Maison du Mari, dr. en 4 a. 2 »
La Femme de paillasse, drame en 6 actes................ 2 »
Le Guide du Bon Ton, pochade en 1 acte................. 1 »
Mariée depuis midi, monologue en un acte........... 1 50
Le Florentin, op.-com. en 3 a. 1 »
Le Secret de Rocbrune, drame en 5 actes.................. 2 »
L'Opéra aux Italiens, à-propos en 1 acte................ 1 »
Ah! c'est donc toi, Mme La Revue, 3 actes, 10 tableaux. 1 »
Forte en Gueule, 3 a., 15 tabl. 1 »
Le Fils d'une Comédienne, d. 5 a. 2 »
Poisson volant, féerie en 12 tabl. » 50
Charlotte et Nicaise, v. en 1 a. 1 »
La Liqueur d'Or, op.-b. en 3 a. 2 »
La Falaise de Penmarck, drame en 5 actes................ 2 »
La Jolie Parfumeuse, opéra-comique en 3 actes......... 2 »
La Nuit des noces de la Fille Angot, vaudeville en 1 acte. 1 »
Les Baisers du roi, com. en 1 a. 1 »
L'Apprenti de Cléomène, comédie en 1 acte, en vers.... 1 »
Les Brigands par amour, vaudeville en 1 acte.......... 1 »
La Leçon d'amour, op.-b. en 1 a. 1 »
A perpétuité, vaud. en 1 acte. 1 »
Agence matrimoniale, v. en 1 a. 1 »
La Patte à Coco, 3 a., 20 tabl. » 50
Pomme d'Api, op.-b. en 1 a.. 1 50
Permission de 10 heures, opéra-comique en 1 acte......... 1 »
La Licorne, comédie en 1 acte. 1 50
Les Postillons de Fougerolles, drame en 5 actes........ 2 »
La Clarinette postale, vaudeville en 1 acte............ 1 50
Le Client de Campagnac, comédie en 1 acte........... 1 »
Les Esprits des Batignolles, à-propos en 1 acte......... 1 »
Prenez l'ascenseur, c. en 1 a. 1 »
L'Oublie, drame en 4 actes... 2 »
La Mort de Molière, dr. en 4 a. 2 »
Les Horreurs du Carnaval, opérette-vaudeville en 1 acte. 1 »

Le Club des séparées, folie-vaudeville en 1 acte......... 1 »
Les Trois Princesses, 3 a., 8 ta. » 50
L'Education d'Ernestine, comédie-vaudeville en 1 acte.. 1 »
L'Entresol, monologue en 1 acte. 1 »
La Clé de Barbe-Bleue, monologue en 1 acte............ 1 »
Venez, je m'ennuie, com. en 1 a. 1 »
Aristophane à Paris, 3 a., 14 ta. » 50
Dans une armoire, com. en 1 a. 1 »
Caïn, drame en 2 tableaux..... 1 »
Du pain, S. V. P., com. en 1 a. 1 »
Jane, drame en 3 actes........ 2 »
La Flamme de Claude, parodie en 1 acte................. 1 »
Un Lâche, drame en 5 actes.... 2 »
Le Forgeron de Châteaudun, drame en 5 actes......... 2 »
Les Pommes d'or, féerie en 3 actes, 18 tableaux......... » 50
La Fille de Mme Angot, opéra en 3 actes............ 2 »
Le Portier du no 15, dr. en 5 a. 2 »
Don César de Bazan, opéra-comique en 3 actes.......... 1 »
Sol-si-ré-pif-pan, vaud. en 1 a. 1 »
Très-fragile, farce en 2 actes... 1 »
Difficile à marier, c.-v. en 1 a. 1 »
Il pleut, comédie en 1 acte.... 1 »
Mazeppa, opéra-bouffe 3 actes. 2 »
Un fiancé à l'heure, v. en. 1 a. 1 »
La Bonne à Venture, v. en 1 a. 1 »
Une poignée de bêtises, 3 ta. 1 »
Paris dans l'eau, vaud. en 4 ac. 1 50
Les Apôtres du mal, dr. en 5 a. 2 »
Viv' la joie et les militaires, poch. en 1 acte............ 1 »
Daniel Manin, drame en 5 actes. 2 »
Une Tête de carton, v. en 1 a. 1 »
Un Duel sans témoins, v. en 1 a. 1 »
Une Nuit sur la scène, vaudeville en 1 acte............ 1 »
Passé midi, folie-vaudeville.... 1 »
Une Morale au cabaret, vaudeville en 1 acte........... 1 »
Galatée et Pygmalion, op.-v. 1 »
Le Paletot de l'avare, opéra-vaudeville en 1 acte......... 1 »
L'Amour au village, opéra-vaudeville en 1 acte........... » 50
Vert-Vert, op.-com. en 3 actes. 1 »
Le Premier Jour de bonheur, opéra-comique en 3 actes.... 1 »
La Fanchonnette, op.-com. 3 a. 1 »
Mesdames de la halle, opér. b. 1 »
L'Ecossais de Chatou, opéra b. 1 »
On demande des domestiques, vaudeville en 1 acte....... 1 50
Une allumette entre deux feux, vaudeville en 1 acte....... 1 50
La Carte à payer, vaud. en 2 a. 1 »
Les deux Ménages, com. en 3 a. 1 50
Le Nouveau Seigneur de village, opéra-com. en 1 acte... 1 »
Les Quatre Sergents de la Rochelle, drame en 3 actes.. 2 »
Le Tribut des cent vierges, drame en 5 actes........... 2 »
Le Bal masqué, opéra en 5 actes. 1 »
Le Chevreuil, fol.-vaud. en 3 a. 1 50

CLICHY. — Imp. Paul DUPONT, rue du Bac-d'Asnières, 12. (331, 3-5)

www.ingramcontent.com/pod-product-compliance
Ingram Content Group UK Ltd.
Pitfield, Milton Keynes, MK11 3LW, UK
UKHW021625260726
13994UKWH00003B/1079